REFLEXIONES DE TERESA - I

VENEZUELA, EL PAPA Y MÁS

TERESA DI SCLAFANI DE NASCA

TecnoTur
Publishing

Reflexiones de Teresa - I

Venezuela, el Papa y más

Publicado por Editorial TecnoTur

Maquetación por Allan Tépper

ISBN de la versión impresa de tapa blanda:

979-8-9988687-7-1

ISBN de la versión electrónica (*ebook*):

979-8-9988687-8-8

DEDICATORIA

Esta obra la dedico a:

- Mi hijo, el Profesor Carlos Sayas Torres, que nació de un milagro. Un abrazo y beso de tu madre que te quiere tanto.
- Mis hijos Toni y Enzo.
- Mis tres nietos, Salvatore Jesús, Enzito y Salvatore Antonio. Besos a todos.

ÍNDICE

HISTORIA CONTEMPORÁNEA
DE VENEZUELA

—

—

—

—

—

—

—

—

—

—

—

—

CAPÍTULO 1
HISTORIA CONTEMPORÁNEA DE VENEZUELA

La gran luchadora María Corina Machado quedará en la historia. Nieta del señor Machado, un emprendedor y trabajador que descubrió que con la grasa del cochino se podía hacer la manteca «Los Tres Cochinitos». Forma una gran empresa este hombre fuerte de carácter fuerte y muy humano, preocupado siempre de los pobres, a quienes regalaba sus mantecas. Los padres de María Corina igualmente heredaron esa empresa «Los Tres Cochinitos», como se llamaba antes, y ahora se vende en todos los países a bajo precio, al alcance de todos.

Hablamos de la valiente Corina, casada y madre de dos muchachos, que ha preferido enviarlos con el marido fuera de Venezuela, para tener mejor vida y seguridad. Ella estudió Ingeniería Industrial y se sacrificó por su país. Cuando vio que sus valientes políticas pasaban las barreras, se preparó para seguir su lucha política por Venezuela.

Desde que entró Chávez en el año 1989 ya son muchos años de aguante. Chávez no fue aparentemente malo pero hipotecó al país hasta 2030 y no se sabe hasta cuándo, porque todavía no se ha pagado ni un centavo. Viendo la imposibilidad de estar en Venezuela, huyó a Cuba. Los hechos: Chávez hizo un golpe de estado con varios militares pero falló. Sin embargo Caracas sufrió los desastres de la guerra. En Maracaibo sí había un Cardenal que se quedó en las gobernaciones porque Chávez regresó.

El señor Caldera siendo Presidente era su padrino. No lo censuraba aunque había dado un golpe de estado y pertenecía al Foro de Sao Paulo, cosa que todos sabían. Pero los venezolanos, cansados de política barata, le creían un siguiente General Pérez Jiménez. Votaron por él y Fidel Castro lo ayudó a apoderarse del mando venezolano hasta que le convino, pues él le daba petróleo y plata. Cuando Chávez dejó de enviarle petróleo y plata, estaba el señor Maduro, de procedencia colombiana e instruido en Cuba. Les convenía mejor a la larga.

Chávez, viendo que Fidel aparentemente lo quería, se fue a Cuba y dejó a Maduro. Fidel se encargó de arreglar a Chávez a su conveniencia y así, después de mucho tiempo, regresó el señor Chavez que después de poco tiempo se murió. Estaba irreconocible, gordo, como hinchado se vio por televisión. Todos se preguntaron qué le pasó a Chávez en Cuba y hasta aquí es una incógnita.

Desde el período de Chávez empieza Corina a enfrentarse, primero a Chávez y después con Maduro, que es peor que Chávez. Ha sufrido amenazas y por poco no la matan en varias oportunidades. Le han hecho emboscadas, pero Dios siempre la ha salvado. Es imposible hacer campaña, pero Corina siempre en sus campañas muy peligrosas va arriba de los camiones, aunque imposibiliten la carretera para que no llegue al sitio. Pero la política de Corina llega a cualquier rincón de Venezuela.

El señor Cabello la inhabilitó por 15 años para elegirse como Presidenta, pero Corina sigue luchando por Venezuela, sin miedo, buscando nueva gente para que sean Presidentes. Lamentablemente todos están asustados por el señor Maduro, pero al fin del último momento, el 28 de julio, se consigue con el señor González con mucha experiencia de estar en varias embajadas durante el mandato del señor Chávez. No lo pudieron inhabilitar porque no tuvieron tiempo, esa fue la realidad, pero lamentablemente todavía no ocupa la Presidencia de la República Bolivariana de Venezuela.

. . .

González es bien aceptado en todos los países como Presidente, excepto solamente en los países comunistas. Por eso está exiliado en España con el consentimiento del Presidente de España. Es un hombre muy respetado con toda su familia. ¿Qué pasará con él? Amanecerá y veremos.

¿Qué pasó con Corina Machado? Está en la embajada de Argentina, cuidada por Brasil. Les quitan la luz a cada momento, quedándose con velas. Recortan las comidas diarias para no quedarse sin comida, porque son 6 personas que la acompañan, pero está segura hasta que el señor Maduro se vaya. Todavía no se sabe el día, pueden ser años, meses o días. Ese ha sido el destino de esa gran mujer llamada Corina Machado, la mujer del año que deja un nombre en el mundo. Yo desde aquí, en los Estados Unidos de América, le digo: «Aguante Corina. Lo que viene es para mejor».

EL PAPA FRANCISCO Y VENEZUELA

———

———

———

———

———

———

———

———

———

———

———

———

CAPÍTULO 2
EL PAPA FRANCISCO
Y VENEZUELA

En Venezuela, todos unidos en una sola voz, llaman al Papa Francisco, quien no se ha acordado de los venezolanos, ni de los cubanos, ni de los nicaragüenses. Piensa solamente en el comunismo y digo que eso es lo que lleva la plata mal habida al Vaticano. Él siempre pedía paciencia a los cubanos, en cuanto él se abrazaba a los Castro. Nunca ha tenido una palabra para los venezolanos ni para los cubanos. Tampoco una palabra para Machado, que es una gran mujer de lucha, ni para los presos que son golpeados con piedras.

Esta es la verdadera cara del Papa Francisco: no pedir perdón por tantos Cardenales violando las normas. En Canadá, al lado del convento, hay 4.200 jóvenes que fueron violados y nadie ha pedido perdón. Yo, Teresa Di Sclafani De Nasca, lo estoy diciendo con mucha propiedad. Conocí al Papa Juan XXIII, que fue muy bueno, y al papa Juan Pablo II. Vino dos veces a Venezuela, al Estado Portuguesa, y la gente no cabía en el estado.

Se hicieron elecciones el 28 de julio de 2024 y todavía el señor González no es Presidente, está exiliado en España. Nunca él dijo nada, pero se abrazaba con Chávez y con Maduro.

Cuando se murió el Papa Juan XXIII, pusieron un Papa que duró 24 años. Ahora alguien les toca las puertas llevando una taza en las manos. Ese Papa estaba muerto y nadie supo qué pasó. Hace 100 años atrás un Papa excomulgó a los masones y a ese Papa los masones los tumbaron. Llegó otro Papa que les quitó la excomunión. No lo digo yo, fue un libro que lo dice.

MI BISABUELO

———

———

———

———

———

———

———

———

———

———

———

———

CAPÍTULO 3
MI BISABUELO

Mi bisabuelo Lucio Orfanello estudió para ser cura y ya con estudios avanzados, se quitó la sotana. Eso se puede comprobar y fue en Cefalú, Palermo, Sicilia, Italia. Él trabajó 40 años en el correo como telégrafo y en el banco. Dormía en el mismo correo, en el tiempo de la Primera Guerra Mundial. Las familias le decían que estaba esperando noticias de los hijos.

Él murió cuando yo todavía no caminaba. Después de muerto, fui a despedir a la hija Ignacia, aquí en los Estados Unidos.

Se casó, tuvo cuatro hembras y dos varones, uno de los cuales murió. Una de esas hijas fue mi abuela, que nació en 1890 y murió en 1972. Mi madre siempre me contaba que el abuelo les decía: «Vayan a la misa y no entren a la sacristía».

Yo conocí al párroco Sagona en mi pueblo Alia en Palermo, Italia, Sicilia. Él era cura y su hermano era mafioso. Ese violó a una jovencita de 16 años. Escondieron la cosa y ella tuvo un hijo que fué párroco, el Padre Gibino que me casó a mi en 1959. Escondieron a los familiares y los llevaron al campo, haciendo parecer que el niño lo había tenido la hermana con su marido. Pero todo el pueblo lo supo porque llevaron una comadrona llamada Doña Agustina y ella no se lo escondió a nadie, habló como algo normal.

Yo la conocí cuando tenía 11 años, cuando fui a aprender a bordar. La señora Manina estaba al lado, que quiere lo que pasa en la Iglesia. Nadie puede esconder los problemas de la Iglesia, ella no tiene la culpa.

LOS MILAGROS QUE RECIBÍ

—————

—————

—————

—————

—————

—————

—————

—————

—————

—————

—————

CAPÍTULO 4
LOS MILAGROS QUE RECIBÍ

Yo he recibido siete milagros en total, hasta tengo un hijo, un gran profesional de la cardiología, que nació de un milagro. Me apareció dos veces en el aeropuerto de Caracas. Ya estaba graduado, como consta en mi diario en las páginas 43 y 44.

Hace 57 años mi hijo menor tenía un año y tenía una fiebre que no le bajaba con nada. A las 12 de la noche se murió. Yo tenía 27 años, con un niño muerto en los brazos. Invoqué al Doctor José Gregorio Hernández y después de media hora revivió. Fuimos a la Clínica Calicanto pues vivíamos en Maracay. Tenía fiebre de 43 grados y lo pusieron en una bañera de agua y hielo. Al día siguiente tenía llagas en la boca. Mi hijo Toni tenía 7 años y el primo 8 años.

. . .

Con mis dos cuñadas que viven en Maracay y que todavía están vivas, llevamos una placa a donde nació y una a Caracas donde está sepultado el Doctor José Gregorio Hernández. Después los brujos trabajaban con el espíritu de él y el Papa no reconocía sus milagros. En el 2021 una joven tuvo un accidente y se le formó un tumor en la cabeza y la curó. El Papa viendo eso lo hizo el Beato José Gregorio Hernández.

En mi pueblo Alia de Palermo, Sicilia, Italia, hice el santo y fue presentado en 18 de junio de 2023, por Antonio Vicari el párroco.

Un 23 de diciembre hice un día de comida y el 24 en la tarde teníamos que ir a casa de la familia de mi marido. Resulta que agarramos las maletas del pasillo y nos olvidamos de la comida. A 100 kilómetros me acordé de la comida y le digo a mi marido: «¿Qué vas a querer?». Me dijo: «Voy a llamar al señor Idalgo». Le dijo que olvidamos la comida y que se la comiera él.

De regreso el abogado y teólogo Gastón Saldivia me dice: «Ustedes no la olvidaron, fue Dios que se las hizo olvidar. Él no está trabajando y la señora tampoco». Incluso había hecho una promesa de ir a pie a Caracas, 350 kilómetros caminando. Le cuenta a los vecinos que vino con los pies sangrando.

· · ·

En 1994 salió Caldera Presidente y lo nombró Director de Deportes. El primer viaje que hizo fue a Perú. Había una corporación que hacía mallas que dice Nasca y me trajo una. Subió y me dice: «Les traigo un pequeño regalo». Yo le respondí: «Para mí es muy importante y las conservaré de recuerdo».

En otro milagro conocimos a Monseñor Juan Portuchese, de origen estuvo muchos años en Polonia con el Papa Juan Paulo II, que en aquel tiempo no era Papa. Se vino a Barquisimeto, Venezuela e hizo la Iglesia de Fátima, muy bonita. Nosotros vivíamos cerca en 1999 y teníamos un poco de problemas en el trabajo, pues la gente no pagaba las obligaciones. Le dije a mi marido: «Vamos a rezar el Rosario con Monseñor». Ese día estábamos solos y después se llenó el llano. Mi marido no era amante de la misa, pero desde que conoció a Monseñor no faltaba a la misa los domingos.

El brazo derecho lo tenía santo y curaba a mucha gente. Estaba la señora Asunción, portuguesa, que se conocía desde hace 40 años. Llegaba siempre antes que yo. Cuando yo llegaba, le decía: «Asunción, levántate. Este puesto es de Doña Teresa».

LA OFICINA DE ORLANDO

———

———

———

———

———

———

———

———

———

———

———

CAPÍTULO 5
LA OFICINA EN ORLANDO

M i hijo ya estaba con el negocio de repuestos en Orlando y le dijo al papá que no tenía tiempo de importar. En aquel tiempo había que importar al puerto de *Miami* y la compañía tenía un solo distribuidor, que era Requieca. Mi marido quería vender el negocio con mi hijo Enzo. Yo les dije: «El negocio no se vende. Yo me voy a *Miami*». Compré el pasaje pero el domingo iba a salir y tenía un dolor de espalda muy fuerte. Le dije a mi marido: «Vamos a lo de Monseñor». Me quitó el dolor de espalda y después me dio una palmada en la espalda y me dijo: «Doña Teresa, vayan que todo les va salir bien».

El primer hotel que vi, me bajé del carro. En aquel tiempo costaba US$130 y no podía pagarlo. Busqué la guía telefónica y vi que en *Coral Gables* era más céntrico y costaba US$60. Me fui directo al hotel y me dieron una habitación muy grande, que tenía nevera, cafetera, sandwichero, una mesa y dos sillas. Me sacaban la cuenta en la mañana y en la noche podía comer en la habitación. A tres cuadras había un negocio llamado «Navarro» y a medio día podía comer en el restaurante del hotel, que era bueno.

Busqué un abogado para hacer las corporaciones y cuando las hizo, les puso las direcciones de ellos. El problema era que la oficina tenía «*For Sale*». Bajando me vine a pie, llamaba y me cerraban. Llegué al hotel y le dije al dueño: «¿Sabe dónde puedo alquilar una oficina?». «No lo sé», me respondió, pero después lo pensó y me llevó al administrador. Quedamos que había un pequeño espacio entre los locales comerciales y el pasillo que costaba US$1.800 por 6 meses.

Le pagué y me fui a comprar un fax, un escritorio y una silla. El fax me lo montó el administrador, que tenía una flebitis en una pierna grave. Me lo montó en el suelo y empecé a pasar hojas. La compañía me llamaba, diciendo que las hojas estaban repetidas, no las veían graduadas. Fui a la recepción y había 2 peruanos que me lo graduaron. Todavía uno de ellos está allí.

EN LA RADIO

———

———

———

———

———

———

———

———

———

———

———

———

EN LA RADIO

Los libros de Teresa Di Sclafani De Nasca se destacan en la radio *CapicúaFM*, la cual se oye en todo el planeta Tierra en CapicúaFM mediante CapicúaFM.com y las aplicaciones líderes de la podifusión.

ACERCA DE LA AUTORA

―――――

―――――

―――――

―――――

―――――

―――――

―――――

―――――

―――――

―――――

―――――

ACERCA DE LA AUTORA

Teresa Di Sclafani De Nasca nació en Italia. También ha vivido en Venezuela y en los Estados Unidos.

OTRAS OBRAS DE
TERESA DI SCLAFANI DE NASCA

———

———

———

———

———

———

———

———

———

———

———

OTRAS OBRAS DE
TERESA DI SCLAFANI DE NASCA

- *El mundo según Teresa Di Sclafani*
- *El diario de Teresa Di Sclafani*
- *La Mafia según Teresa Di Sclafani*
- *Cuentos de la Nonna - I*
- *Cuentos de la Nonna - II*

Cada uno está disponible en castellano,

en inglés y en italiano.

www.ingramcontent.com/pod-product-compliance
Lightning Source LLC
Chambersburg PA
CBHW040905120626
46551CB00006B/659

Teresa Di Sclafani De Nasca nació en Italia. También ha vivido en Venezuela y en los Estados Unidos.

Ha publicado los siguientes otros libros:

El mundo según Teresa Di Sclafani

El diario de Teresa Di Sclafani

La Mafia según Teresa Di Sclafani

Cuentos de la Nonna - I

Cuentos de la Nonna - II

Cada uno está disponible en castellano, en inglés y en italiano.

Editorial
TecnoTur

¿Hay un libro dentro de ti?

ISBN 979-8-9988687-7-1

9 798998 868771